48

b 700.

PROJET

DE
SECOURS PROVISOIRE

EN FAVEUR
DU CLERGÉ DE FRANCE,

JUSQU'A SA DOTATION DÉFINITIVE;

Par M. MARTINEAU,

AUTEUR DU PROJET DE DOTATION SPÉCIALE ET PERPÉTUELLE
DU CLERGÉ.

A PARIS,

Chez
{
L'AUTEUR, rue Pavée S.-André-des-Arcs,
n°. 14;
DENTU,
DELAUNAY,
} Libraires, au Palais Royal;

Et chez les Marchands de Nouveautés.

DE L'IMPRIMERIE DE TESTU.

1816.

AVANT-PROPOS.

J'ai appelé l'attention publique sur le sort d'une classe d'hommes qui mérite toute la sollicitude du Gouvernement par la dignité de leurs fonctions, et par les épreuves douloureuses auxquelles ont été trop long-tems condamnés et leur courage et leur résignation.

J'ai fait sentir la nécessité de venir promptement au secours du clergé, et le danger de retarder trop une mesure de justice, sans laquelle le sacerdoce va s'ensevelir sous le débris des temples, naguères témoins de toute sa gloire et de ses bienfaits.

De justice, sans doute ; car ceux-là

même qui, au nom de la nation, l'ont dépouillé de ses biens, ont pris pour elle l'engagement de salarier le culte et ses ministres. Ce n'est donc qu'une obligation formellement contractée que je lui propose de remplir, et dont elle ne peut se dispenser.

C'est une vérité de tous les pays et de tous les tems, que pour se conserver dans un état de bonnes mœurs, de sagesse et d'ordre, une nation civilisée n'a pas moins besoin de religion que de lois. Le sacerdoce est aussi une magistrature qui n'est pas moins nécessaire que celle des tribunaux, et que tout autre institution politique. Si la justice est établie pour réprimer les désordres et punir le crime, pour faire respecter la loi des contrats, et soumettre les citoyens à l'accomplissement de leurs conventions, la religion plus douce, plus prévoyante et non moins utile,

tend à prévenir toutes les infractions,
à faire sentir la sainteté des promesses
et de la foi donnée. Elle parle aux consciences, à la raison ; elle opère par la
persuasion et la bonté, quand la justice
du haut de ses tribunaux, ne parle en
quelque sorte qu'aux sens. La religion
fait l'honnête homme, l'homme moral
et probe, par principes et par sa volonté, quand les tribunaux, avec toute
leur puissance, ne peuvent que le con-
damner à le paraître.

Sous ce rapport, il est donc de l'intérêt des nations comme des gouver-
nemens, d'employer un ressort qui in-
flue aussi puissamment sur la tranquil-
lité publique ; et par la raison qu'il est
estimé juste, quels que soient les besoins
de l'Etat, que le magistrat, organe de
la loi, soit salarié, parce qu'il est utile
à l'ordre ; le magistrat des consciences

y a droit aussi, parce qu'il ne lui est pas moins nécessaire.

C'est cette vérité, palpable à tout homme qui conçoit qu'il vaut encore mieux prévenir les désordres que d'avoir à les punir, qui m'a donné l'idée de voir s'il ne serait pas possible d'arriver à rendre au clergé la considération, la puissance d'opinion dont il a besoin, et, avec elles, une partie de ses anciennes richesses. Je les ai développés dans mon projet de dotation.

Mais malheureusement ce projet ne peut se réaliser en ce moment. Les circonstances dans lesquelles se trouve la France, la forcent non-seulement à un délai de plusieurs années pour former cette dotation, mais même à des retards pour la commencer, et il ne paraît pas vraisemblable, qu'à moins d'événemens très-heureux , ce commencement de dotation puisse avoir lieu avant cinq années.

Ce retard , nécessité par la détresse publique et particulière, m'a, en quelque sorte, forcé à rechercher s'il n'y aurait pas moyen d'alléger, du moins jusques là , le sort des fonctionnaires ecclésiastiques ; s'il ne serait pas possible, pour empêcher la religion de déserter le sol de la France et de tomber avec le dernier de ses prêtres, de soutenir, par l'aperçu d'un meilleur sort, le zèle de la jeunésse qui voudrait se dévouer au ministère des autels.

C'est ce que j'ai fait. C'est le résultat que je crois avoir obtenu dans le nouveau travail que j'offre à mon pays ; et je m'estimerai trop heureux si le succès répond à mes espérances ; si même, en me trompant, j'ai préparé de plus heureuses découvertes. Entraîné par le plus

vif désir du plus grand bien de ma pa-
trie, l'orgueil n'est entré pour rien dans
mon entreprise, et mes vœux seront
comblés si le but, quel que soit le
chemin qui y ait conduit, est atteint.

PROJET

PROJET

DE

SECOURS PROVISOIRE

EN FAVEUR

DU CLERGÉ DE FRANCE,

JUSQU'A SA DOTATION.

Dans mon projet de *dotation spéciale* et *perpétuelle* du clergé j'ai présenté plusieurs hypothèses. D'abord j'ai considéré le clergé dans son état actuel sous le rapport des personnes, et il en est résulté qu'il présente un déficit considérable de prêtres et nombre d'églises sans culte; que 20 millions suffisent à tous ses traitemens, indépendamment des pensions qui portent, en majeure partie, sur de vieux ecclésiastiques; que ces pensions ne tarderont pas à s'éteindre; que le culte est menacé d'une ruine entière, s'il n'est promptement pris des mesures pour l'empêcher, et que la seule qui puisse ranimer le courage et ramener l'espoir, est de s'occuper efficacement du sort du clergé pour le présent et pour l'avenir.

A l'égard du matériel ; il est partout en souffrance, parce que les secours des départemens et des communes, à cet égard, sont insuffisans.

J'ai examiné ensuite si 5o diocèses et environ 29,000 cures et succursales suffisent à 45,000 communes dont se compose la France, ce qui, à cause des vacances , en laisse près de la moitié sans église et sans culte. Je l'ai dû, parce qu'il s'est élevé des réclamations nombreuses ; mais soit par le voisinage de la plupart des communes entre elles , soit par le peu d'importance d'un grand nombre qui ne forment que des hameaux, j'ai pensé que 7000 succursales seulement ajoutées à ce qu'il en existe , quand la quantité des ecclésiastiques le permettra, ce qui en éleverait le nombre à 36,000 , suffiraient à tous les besoins.

A l'égard des diocèses dont l'insuffisance est généralement reconnue , n'osant prononcer sur la question de savoir si le nombre en devait être porté à celui des départemens, ou seulement augmenté de douze, j'ai opéré dans les deux cas.

M'occupant ensuite des traitemens de toute la hyérarchie sacerdotale, j'ai pensé que, quelle que fut la quotité des fonctionnaires eccléstastiques, les traitemens en devaient être proportionnellement honorables et appropriés à la nature comme à la dignité de leurs fonctions. J'ai donc établi pour chaque classe la somme à laquelle j'ai cru que ces traitemens doivent être portés quand les moyens le permettront, ou quand la dotation du clergé sera complettée, telle que chacun devra être satisfait de sa position ; que la jeunesse pourra céder à sa vocation ; que la certitude d'une existence honorée et au-dessus du besoin multipliera les sujets, et fera à la fois le bien des pasteurs et des ouailles. On peut en voir tout le détail dans mon projet de dotation.

Le total de cette dépense, mais pour le personnel seulement, s'élevera à environ 30 millions pour 62 diocèses ;

Et à près de 35 millions si l'on élève le nombre des diocèses à celui des départemens.

Dans l'un comme dans l'autre de ces deux cas , le matériel du culte reste à la charge des départemens, des communes et des âmes pieuses, et l'on conçoit combien une ressource aussi incertaine est peu efficace.

J'ai senti que ce n'était pas faire assez ; que laisser les départemens et les communes grevés de la dépense du matériel , c'était presque n'avoir rien fait pour l'indépendance du clergé; qu'outre les traitemens qu'il était nécessaire d'assurer d'une manière convenable , il était encore indispensable d'accorder au culte quelque solennité, et pour cela , de pourvoir à tout ce qui le concerne ; enfin de lui ménager des fonds pour les différentes institutions qui en font partie, ou qui en sont des dépendances, telles que les séminaires, les maîtrises d'enfans de chœur, les vicaires, les prêtres âgés et infirmes, les maisons religieuses , les fabriques , etc.

Calcul fait de la dépense annuelle, sous les deux rapports du personnel et du matériel, j'ai trouvé que le total s'en élevait pour 62 diocèses seulement , en faisant les choses largement, à 51 millions ; ainsi le matériel seul est un objet de 21 millions.

(5)

L'augmentation du nombre des diocèses
pour les porter à celui des départemens,
ne forme pas un accroissement de dépenses
très-considérable, parce que les nouveaux
diocèses ne se composeront que de cures et
de succursales déjà existantes et salariées. En
personnel et en matériel, ce n'est qu'une dépense de 4 millions de plus, et au total de 55
millions.

Et pour augmenter le nombre des chanoines dans les chapitres, porter les traitemens des curés des différentes classes à 1800,
à 1400 et à 1000 francs, en un mot, pour
donner à la solennité du culte toute sa
splendeur, et même créer un chapitre de se-
cond ordre dans la collégiale de Saint Denis,
60 millions suffisent. On peut s'en assurer
par les calculs de mon premier projet, où
j'indique les moyens de se procurer les capitaux nécessaires.

Mais dans les circonstances actuelles qui
vont nécessiter, pour plusieurs années, une
grande économie de la part du trésor, comme
de la part des citoyens une réserve dans
leurs dépenses, pour satisfaire aux charges
de l'Etat, il est difficile, pour ne pas dire
impossible de songer à faire jouir de suite

le clergé d'une dotation qui exige d'immenses capitaux et de sensibles sacrifices de chacun. Il a donc fallu prendre des délais pour donner le tems d'arriver au complément de cette dotation ; il est devenu même indispensable de ne la commencer qu'à l'époque où la France sera libérée, où elle respirera après tant d'années de souffrances, enfin, à partir seulement de janvier 1821 ou 1822.

Cependant il devient urgent d'apporter, dès ce moment et jusque là, quelques soulagemens efficaces du moins aux classes les plus maltraitées du clergé, notamment aux succursalistes des campagnes qui, généralement dépourvus de casuel, manquent évidemment, je ne dis pas seulement des moyens de vivre d'une manière décente et de porter des secours à l'indigence, mais encore du plus strict nécessaire.

Déjà quelques légères sommes ont été accordées: les succursalistes ont été augmentés de 100 francs dans leur traitement annuel. Pareille justice a été faite aux curés de seconde de classe et aux chanoines ; les fonds destinés aux bourses ont été accrus: des vicaires ont obtenu quelques soulagemens , et des sommes ont été affectées aux bâtimens et aux églises.

Graces soient rendues à la justice du Gouvernenement et à la loi qui ont eu compassion de leur état misérable; mais le succursaliste vivra-t-il beaucoup mieux avec 600 francs qu'avec 500? Est-ce là tout le soulagement qu'il peut espérer, jusqu'à ce qu'il soit possible de régler définitivement son sort? et les secours dont tout le clergé a besoin, se borneront-ils à ce qu'il vient de leur être octroyé?

Selon mon plan de dotation définitive, le traitement du desservant doit être porté à 1,000 francs; mais je pense qu'il est possible de trouver les moyens de l'élever provisoirement à 750 fr.; d'élever même ceux de tout le clergé dans la même proportion, et de leur donner ainsi plus de patience pour attendre des tems plus heureux. Il y aura même l'avantage, dans cette mesure, d'encourager les vocations, au lieu qu'en restant en l'état actuel, on perd jusqu'à l'espérance de relever les autels, et l'on trouve à sa place, non-seulement la crainte, mais encore l'assurance que, sous peu d'années, toutes les églises seront dépourvues de ministres.

(8)

Dès qu'il n'y a pas, actuellement, suffi-
sance de prêtres, même pour le service des
églises conservées, et qu'il faut un tems
considérable pour l'obtenir ; puisque le
nombre des vacances ne peut que s'accroître chaque jour, jusqu'à ce que l'espoir
d'un sort heureux porte la jeunesse à se
vouer au sacerdoce ; puisqu'il est morale-
ment démontré qu'il faut vingt années,
dans l'hypothèse ci-dessus, pour former la
quantité de prêtres nécessaire, il n'est vé-
ritablement besoin que de s'occuper de l'état
actuel des choses, et des moyens d'y apporter une amélioration sensible. Or, j'ai
prouvé qu'avec 30 millions il sera possible de
rétribuer toutes les classes du clergé d'une
manière splendide dans 62 diocèses, et dans
84, avec 35 millions.

Mais où prendre, jusqu'à la formation
d'une dotation, 30 ou 35 millions ? Ce ne
pourrait être que dans le Trésor royal, et
l'on sent, à-la-fois, l'inconvenance d'en faire,
en ce moment, la proposition, et l'impossi-
bilité d'en voir le succès. Il faut donc renoncer, jusqu'à des tems plus heureux, à
cette bonification de sa part.

Faut-il renoncer de même à toute espèce

d'amélioration? Je suis persuadé qu'il est possible d'en procurer une très-sensible au clergé, en prenant un juste milieu entre les traitemens qui ont eu lieu jusqu'à présent, et ceux qu'il a droit d'espérer quand sa dotation sera complétée.

Il ne s'agit donc que de trouver un intermédiaire raisonnable entre ces deux sortes de traitemens, et les moyens d'y faire face. Voici ce que je propose, mais pour soixante-deux diocèses seulement, et sous le rapport de l'état actuel des églises et du nombre des prêtres :

Cardinaux, 3 — à 30,000 fr. . . .	90,000 f.
Archevêque de Paris.	140,000
Archevêques de Lyon, Bordeaux et Rouen — à 36,000 fr.	108,000
Archevêques, 8 — à 25,000 fr. . .	200,000
Evêques, 50 — à 18,000 fr.	900,000
Chanoines de S.-Denis, 10, — dont 2 à 15,000 fr. et 8 à 10,000 fr.	110,000
Second chapitre de Saint-Denis, 12, et dépendances.	32,000
Chapitre de Paris et de Sainte-Geneviève, 18 — à 6,000 fr.	108,000
Vicaires-Généraux, premiers, métropolitains, 12 — à 2,500 fr.	30,000
	1,718,000

Report.	1,718,000
Vicaires et Provicaires-Généraux; 130 — à 2,000 fr.	260,000
Chanoines, 520 — à 1,600 fr.	832,000
Curés, 1ᵉʳᵉ. classe, 610 — à 1,500 fr.	915,000
Curés, 2ᵉ. classe, 2300 — à 1,100 fr.	2,530,000
Curés, 3ᵉ. classe, 23000 — à 750 fr.	17,250,000
Séminaires;	1,000,000
Vicaires.	500,000
Congrégations religieuses et autres objets.	500,000
Total.	25,505,000

D'après ces calculs, il demeure évident que le sort de tout le clergé est sensiblement amélioré, et que 25 millions suffisent à cette bonification dans 62 diocèses. Je dis *suffisent,* car les 505,000 francs excédant sont plus que couverts par la réduction des succursalistes seulement, que j'ai portée à 23,000, et que je crois, en ce moment, beaucoup au-dessous de ce nombre.

Et pour quatre-vingt-quatre diocèses, ce ne serait pas un excédant de dépense de plus de 15 à 1,800,000 francs; de sorte qu'avec 27 millions, il sera facile de pourvoir à la dépense entière.

A remarquer que je ne fais point déduction des pensions, et que j'en laisse jouir sans distraction les ecclésiastiques employés qui en sont pourvus. Si pourtant il était jugé nécessaire d'y prendre quelque chose pour compléter la somme ci-dessus, le reste demeurerait aux fonctionnaires à qui la déduction en était faite, sauf à répartir sur chacun le léger *déficit :* surcroît d'amélioration.

Reste à présenter les moyens de se procurer les 25 ou 27 millions nécessaires.

D'abord, et comme base première, j'emploie les 15 millions votés pour le Clergé. Il serait à désirer que cette somme fût portée à 20 millions ; mais les objets qui lui ont été d'ailleurs attribués forment à-peu-près cette somme, et sous ce rapport, mon vœu étant rempli, je restreins mes demandes à ce qui va suivre.

J'observe que ces demandes ne s'appliqueront qu'à ceux des moyens que j'ai employés dans la dotation perpétuelle, qui n'ont besoin rigoureusement que d'une ordonnance royale, parce qu'ils ne tiennent, pour la plupart, qu'à la libre volonté des personnes que j'appelle à y contribuer, ou parce qu'ils reposent sur d'anciennes lois. Je m'y arrête d'autant plus, que plusieurs offrent cet avantage, de pouvoir être *per-pétués*, du moins tant qu'ils seront jugés né-cessaires; et leur perpétuité sera dans tous les tems une ressource contre les retards ou les accidens qui surviendraient dans quel-ques parties de la dotation définitive.

Ces demandes se réduisent :

1°. Au prélèvement d'un droit de *décimes* sur les traitemens de tous les fonction-naires ecclésiastiques, quels qu'ils soient; même sur ceux des *aumôniers*, *chapelains* publics et privés; sur les *habitués* des pa-roisses, et les prêtres qui desservent des *oratoires*, des *chapelles domestiques*, ou acquittent des *fondations*, dont la rétribu-tion s'élève à 5o francs. Ce droit, sans in-justice et sans grever personne, peut pro-duire annuellement une somme de 5oo,ooo f.; et chacun doit se prêter d'autant plus vo-lontiers à cette contribution, qu'elle a pour objet son plus grand bien, celui de l'église, et que de plus elle sera modique.

2°. A l'application dès ce moment à la la caisse du clergé, du produit annuel de toutes les fondations, dons et legs qui seront faits *nommément pour sa dotation.*

Il faut croire que du moment où l'objet

et l'intention seront connus, les ames pieuses s'empresseront d'y concourir ; que les dons et fondations se multiplieront, et que le produit s'en élevera par an à 1,500,000 francs.

Il n'y a point de loi qui s'oppose à ce qu'il soit fait des fondations, dons et legs, en faveur *du corps entier* du Clergé. Il sont autorisés pour les églises et pour les établissemens particuliers ; l'objet en étant de pourvoir au soulagement des prêtres, et de suppléer à l'insuffisance de leurs traitemens, la dotation qui n'a que le même but doit jouir du même avantage.

La seule chose qu'il importe de faire rèmarquer à l'égard de ces fondations, dons et legs *faits à la dotation*, c'est que pour remplir le but désiré, les fondateurs ne doivent leur imposer que de *légères* conditions, s'ils ne veulent pas les faire absolument *gratuites ;* car ce ne serait rien faire pour le Clergé, s'il devait se dessaisir d'une main pour payer les services pieux fondés, de ce qu'il aurait reçu de l'autre à titre de libéralité. Il est à désirer qu'en ce cas, les charges en soient réduites, par exemple, à *une messe ou à un service religieux quel-*

conque, parce qu'il sera facile à une fabrique d'en faire, au besoin, la dépense sans se préjudicier. On ne prétend cependant pas poser des limites absolues à la volonté des fondateurs, ce n'est qu'une observation offerte à leur piété; et s'ils exigent plus, nul doute que le zéle apostolique des évêques, et le désintéressement des ecclésiastiques, adopteront pour l'acquit de ces fondations tous les moyens que le plus grand avantage de l'église leur indiquera.

3°. Au produit annuel de *la révélation* des biens et rentes usurpés ou possédés sans titres, ayant appartenu aux églises, séminaires, fabriques et autres établissemens religieux, de qui au surplus que ces biens *celés* au domaine ou *usurpés*, soient provenus. Ces révélations ne pourront être faites *qu'au profit de la dotation.*

Je ne rappellerai pas ici tout ce que j'ai dit sur ces révélations, et pour en assurer le succès, on peut le voir dans mon premier projet. Quoique cet objet puisse devenir considérable, je ne l'évalue cependant qu'au produit annuel de 100,000 francs.

4°. A celui de la *succession des prêtres,*

en ce qui ne touchera point à leur patri-
moine, qui doit retourner à leurs familles,
s'ils n'en disposent pas. Cette disposition ren-
trera dans celles des saints canons, qui ne
sont point abolis à cet égard, et qui n'ont eu,
pour cesser d'être observés, d'autre motif
que l'état prospère de l'église, qui depuis
long - tems avait rendu cette ressource
inutile.

Par les raisons que j'ai déduites ailleurs,
je ne crois pas en élever le produit à une
trop forte somme, en le portant à 2,400,000 f.
par année.

5°. Au produit de la contribution modique que j'ai proposée sur les *confréries*,
et que je n'ai évaluée qu'à 200,000 francs
par an.

6°. Et à celui de la contribution aussi proposée dans mon premier plan sur *l'instruc-
tion*, autre que celle des écoles primaires
et rurales, et qui s'élève annuellement à
3,600,000 francs.

Toutes ces sommes réunies forment un
total de 8,300,000 francs.

Peut être serait-il possible d'accroître ces
moyens de trois objets de produit, dont le
motant annuel s'élèverait à cinq millions ;

savoir : 1°. *le tiers* à quoi j'évalue les droits du culte dans le produit des centimes , dits *facultatifs*, que les communes sont autorisées, par les lois, à s'imposer pour leurs besoins ; 2°. *les fonds* que les conseils départementaux sont légalement autorisés à affecter spécialement aux dépenses du culte; 3°. *le tiers* à quoi j'ai encore évalué les droits du clergé dans le produit des biens et bois communaux qui ne se trouvent pas compris dans l'aliénation ordonnée au profit de la Caisse d'amortissement, par la loi du 20 mars 1813.

Dans mon opinion , l'église a droit à ces trois objets, puisqu'ils sont en partie consacrés à ses besoins; mais tant qu'elle aura à recourir aux départemens et aux communes, tant qu'elle ne sera pas elle-même chargée des dépenses de son matériel, il ne me semble pas qu'elle ait même intérêt à faire cette revendication.

Mais aux moyens que j'ai proposés plus haut, j'en ajoute un qui seul les vaut tous : il consiste, de la part du Roi, à autoriser deux fois par année une *quête générale à domicile* par les *curés* et les *maires*, affectée spécialement à la dotation.

Je

Je l'ai dit ailleurs, ces quêtes ne peuvent manquer, par leur objet, d'être abondantes, et il ne paraît pas que ce soit en calculer trop haut le produit, que de le porter à dix millions par an, puisque deux millions d'individus seulement donnant, terme moyen, 5 francs, compléteront la somme : or, il y a en France un plus grand nombre d'ames bienfaisantes et généreuses qui saisiront avec empressement cette occasion de venir au secours d'une classe utile, dont les besoins sont trop évidens pour n'être pas généralement ressentis. Tout donne donc l'assurance que ce résultat dépassera plutôt qu'il ne sera au-dessous de ce que j'avance.

Ainsi, total 18,300,000 francs.

Et quand je le réduirais à seize millions, on voit qu'avec les sommes que fournit le Gouvernement, sans parler même des abandons particuliers qui peuvent avoir été faits au clergé, il y aura de quoi suffire et au-delà aux 25 et même aux 27 millions, à quoi l'on a vu que s'élèvent les traitemens intermédiaires que j'ai proposés pour faire attendre plus patiemment la dotation.

Je pourrais borner là mon travail, puis-

B

que mon but est plus qu'atteint; puique le clergé trouvera dans cette mesure un grand point de consolation; puisqu'enfin le commencement de la dotation, fût-il reculé même au-delà du tems où j'ai pensé qu'il serait possible de l'entreprendre, voilà le clergé tellement sorti du besoin, que ce qui lui arrivera en sus ne sera qu'une plus grande aisance.

Mais ma prévoyance va plus loin. J'ai vu dans cette mesure provisoire, un moyen utile à celle de la dotation définitive même, et que l'une se liant à l'autre, on pourrait en tirer un égal avantage pour le présent et pour l'avenir; et pour réaliser mon idée, j'ai imaginé de combiner les effets de ce provisoire, de telle sorte qu'il coopérât lui-même, et dès le premier jour, à commencer la dotation : le moyen en est simple; partons des faits.

Quinze millions par année sont votés sur le Trésor royal : point de difficulté sur leur emploi. Cette somme sera délivrée par trimestre : elle sera tout entière répartie pour les objets auxquels elle est destinée; mais indépendamment de ces 15 millions, les pensions éteintes, et quelques autres objets doivent profiter au clergé ; je les arbitre, en totalité, à 4 ou 5 millions, qui viendront aussi par trimestre. Voilà donc 19 ou 20 millions qui doivent en entier aller à leur destination.

On ne pourra donc opérer que sur les 16 millions du produit des abandons ci-dessus. C'est particulièrement cette somme que j'appelle en partie à la formation de la dotation, en lui consacrant une portion des capitaux et même des intérêts qui en proviendront.

Il ne faut pas perdre de vue que 27 millions suffisent aux traitemens intermédiaires que j'ai présentés, et qu'avec les fonds que j'indique, ceux qui sont fournis par le Trésor forment un total de 35 millions au moins, excédant par conséquent les besoins provisoires de 8 millions.

Je conviens qu'il serait possible et même juste de faire tourner cet excédant au profit du matériel du culte ; mais outre qu'il serait insuffisant, qu'il ne déchargerait qu'en partie les départemens et les communes, et que tout l'intérêt se porte ici vers le personnel, j'ai pensé qu'il était plus pressant de s'occuper de celui-ci, surtout tant que la circonscription nouvelle ne sera pas faite, et toute mon attention à cru devoir s'attacher à la dotation. Voici donc mon opération.

Elle consiste à diviser en deux parts égales, c'est-à dire par moitié, les 16 millions à quoi je restreins les produits que mes calculs ont élevés à 18,300,000 francs; à réserver une de ces moitiés (8 millions) pour être, chaque année, avec les 19 ou 20 du Trésor, répartis au clergé dans l'année qui suivra; à mettre en caisse la seconde moitié (les 8 autres millions), pour être, à mesure des rentrées, placés à intérêts, qui seront aussi et annuellement partagés dans l'année suivante entre la répartition et la dotation, de sorte que l'une comme l'autre s'accroîtra tous les ans d'une moitié de ces intérêts.

Il est à désirer que cette opération ait lieu à partir du 1er. janvier 1817, pour que la répartition puisse commencer en 1818, et je ne propose de l'établir que pour cinq années, c'est-à-dire jusqu'en 1822, époque à laquelle il est probable que les plaies de l'Etat seront cicatrisées, et que rien n'empêchera de s'occuper de la dotation définitive.

Sans contredit, la première année 1817

sera nulle pour le clergé ; nulle en ce sens, qu'il ne pourra se faire à son profit une distribution de ces produits, parce qu'il faudra l'année entière pour les recueillir, et qu'on n'en pourra disposer que dans la suivante. Dans le cours de 1817, le clergé n'aura donc d'autre traitement que celui de 1816, qui lui a déjà apporté quelque soulagement : du moins touchera-t-il au moment d'un plus grand avantage, qu'il n'entreverra même pas si les choses restent au même état.

Il n'est pas moins évident que la première année de perception ne donnera lieu qu'à de modiques intérêts, parce que les sommes perçues n'arrivant que successivement et à différentes époques de l'année, les placemens de la moitié réservée pour la dotation (car celle de la répartition devra rester en caisse à cet effet), ne pourront s'en faire qu'à mesure des rentrées, et encore à quelque tems de là, pour se procurer ces placemens avec sûreté. Cependant il y aura des intérêts dès cette première année ; mais une fois écoulée, il y aura lieu à disposition des capitaux réservés pour la distribution et des intérêts de ceux qui auront été placés dans l'année précédente.

Il faut donc supposer que six ou sept mois se passeront avant de pouvoir faire aucun placement : autrement, qu'il y aura cinq ou six mois de perdus en intérêts pour chacune des cinq années de la perception des capitaux. On ne peut donc compter dans ces années que sur une portion d'intérêts, et je répète que ce ne sera pas de la totalité des capitaux perçus, mais d'une moitié seulement, puisqu'il faudra conserver l'autre pour la distribution de l'année suivante.

A mesure de chaque perception, quel qu'en soit le montant, la somme sera divisée en deux : une moitié pour la distribution qui suivra, et l'autre pour la dotation qui produira intérêts. Ces intérêts seront aussi divisibles par moitié, la première applicable à la répartition, et la seconde à la dotation dont elle viendra tous les ans accroître le capital. Or, la perception s'élevant par année à 16 millions, ce sera, comme je l'ai dit, pour la distribution suivante, 8 millions, et pareils 8 millions pour la dotation ; ce sera en outre les intérêts qui seront également divisés par moitié.

Mais ces intérêts (je l'ai déjà annoncé) de

chaque année de perception seront modiques. Au lieu de 400,000 francs que devraient produire 8 millions placés, et qui les produiront dans les années ultérieures, je crois devoir les restreindre pour la première à 225,000 francs. La même restriction aura lieu sur les perceptions postérieures dans l'année où elles seront faites, mais pourtant avec quelque bonification, parce qu'il pourra alors être pris des mesures de précaution qui rendront à chaque rentrée de fonds les placemens plus faciles.

Pour rendre l'opération sensible, je pose un exemple :

A la fin de 1817, il aura été, à différentes époques de l'année, perçu 16 millions. A mesure des rentrées, moitié de chaque somme perçue aura été mise en caisse, et l'autre moitié placée à intérêts, que je n'ai évalués pour cette première année qu'à 225,000 francs. Au 1er. janvier 1818, il y aura donc 16 millions 225,000 francs disponibles. Mais au moyen de la division par moitié, ce sera pour la dotation un fonds de 8,112,500 francs, et pareil fonds réservé pour la répartition de l'année au clergé.

De cette manière, dès le 1er. janvier 1818 le service du clergé, y compris les fonds du trésor, s'élevera à 27 ou 28 millions 112,500 f.; et ce fonds suffira par conséquent aux traitemens intermédiaires que j'ai précédemment proposés.

Et de son côté, la dotation aura, dès cette première année, un fonds pareil de 8,112,500 f. qui seront toujours placés.

L'année 1818 produira également 16 millions, auxquels il faudra joindre pour les intérêts de cette année de perception 250,000 f., total, 16,250,000 francs, dont moitié est de 8,125,000 francs pour chaque partie prenante. Mais à chacune de ces moitiés il faut joindre les intérêts de la première moitié de 1817 placés, et qui aura produit, en 1818, 405,625 francs, ce qui porte la distribution de 1819 à 8,327,300 fr., et à pareille somme la partie réservée à la dotation. Ainsi, au 1er. janvier 1819, le fonds de la dotation, composé des deux réserves de 1817 et 1818, se trouve déjà élevé à la somme de 16,439,800 f.

La même opération ayant lieu dans les trois années qui suivront, il en résultera que la distribution au clergé, en 1822, s'élevera à 8,977,900 francs, lesquels, joints aux 19 ou 20 millions du trésor, lui feront près de 29 millions.

De son côté, le fonds de la dotation ou de la réserve s'élevera, au moyen de la cumulation de la moitié des deux sortes d'intérêts, et même de ceux de l'année entière de 1822, à 44,863,000 francs.

On peut s'assurer de ces calculs par le tableau ci-joint.

Et si, au moyen de ce que 27 millions suffisent strictement au secours provisoire, et que par l'effet de cette opération le produit se trouve en excéder les besoins de deux millions, il est aisé de reporter à la caisse de réserve ou de dotation, si cette mesure est jugée plus convenable aux intérêts du clergé, soit la totalité, soit partie de la moitié d'intérêts attribuée à la répartition annuelle. Cet expédient ajouterait de deux à trois millions au fonds de la dotation qui se trouverait ainsi déjà élevée, en 1822, à 48 millions ou environ.

Maintenant que l'opération est démontrée, que le résultat et l'avantage en sont connus; à présent que voilà dans la caisse de la dotation un à-compte de près de 45 ou même de 48 millions, si le dernier parti est adopté, il est évident que déjà la dotation chemine, que le retard que sa mise à exécution a éprouvé, n'a pas été perdu, qu'il a même été utilisé, et qu'il ne sera plus question que de marcher sur les erremens tracés.

Que résultera-t-il de l'adoption spontanée et subite de ce mode provisoire ? un avantage immense et tel, qu'il ne permet pas la moindre hésitation ; celui de voir, du moment même où l'idée d'une dotation sera rendue publique, où la possibilité en sera démontrée, où il deviendra notoire par le fait du secours provisoire, qu'elle sera suivie avec zèle, et conduite à sa fin par cela seul qu'elle aura été commencée, le Clergé enhardi à concevoir de salutaires et légitimes espérances, reprendre courage, et la jeunesse se porter avec ardeur vers le ministère saint, parce qu'elle y entreverra, dès son entrée, non-seulement sûreté d'une existence honorable, mais encore la considération due à la dignité de ses fonctions.

Qu'arrivera-t-il au contraire si l'Église ne

voit aucun empressement à faire cesser sa longue et pénible détresse et à la soulager ? le découragement s'emparera de tous les cœurs, étouffera le zèle ; les autels seront déserts ; nos temples ne retentiront plus que de louanges au Seigneur, sans ferveur et sans onction ; l'éloquence si puissante sur les ames désertera nos chaires ; le sacerdoce enfin ne sera plus qu'un métier d'autant moins désirable qu'il sera plus avili, puisqu'il ne sera pas même respecté par ceux qui, ne tenant, pour ainsi dire, à la vie que par ses misères, devraient être plus disposés à se jeter dans les consolations de la religion.

Voilà des moyens proposés ; des produits simples, faciles et assurés ; mais il faut les activer, recouvrer les fonds, les gérer, les administrer : quelle forme d'administration convient-il d'adopter ? La question est déjà résolue ; la gestion de ce secours provisoire doit être la même que celle de la dotation définitive. Ce sera l'économat général sous la surveillance d'un conseil ecclésiastique, et avec l'auxiliaire des chambres diocésaines près de chaque évêque. Il paraît d'autant plus convenable et plus simple de

suivre le même plan, que l'opération provisoire se lie naturellement à celle de la dotation, que l'une est le commencement de
l'autre, que toutes deux ont également pour
but l'avantage du Clergé; qu'au moyen de la
réserve annuelle sur les produits du secours préparatoire, l'économat se trouvera
déjà nanti de 45 ou 48 millions destinés au
définitif, et qu'en traçant la marche à
suivre pour la formation de la dotation, il
en aura préparé et même déterminé le succès que l'expérience du passé ne fera qu'assurer davantage pour l'avenir.

Quelle raison y aurait-il de prendre deux
mesures différentes pour deux opérations
qui, dans la réalité, n'en font qu'une,
quand les mêmes considérations s'élèvent
pour ou contre toutes deux; quand le succès exige que l'autorité civile s'en mêle;
quand l'intérêt du Clergé lui prescrit de lui
abandonner l'une et l'autre? Au reste, par
qui que l'administration de la dotation soit
tenue, celle du secours provisoire lui doit
appartenir, ne fût-ce que pour éviter les
difficultés et même les entraves qui pourraient naître de deux gestions hétéro-
gènes.

Ce projet provisoire présente encore cet autre avantage, que si, par des évènemens possibles; mais qui ne sont pas probables, il n'était pas encore permis de s'occuper, en 1822, de la dotation définitive, rien ne s'opposerait à ce que ce mode de secours préparatoire fût prorogé pendant quelque tems encore, et jusqu'au moment où les circonstances permettraient de donner à nos moyens de dotation toute leur latitude. Ce serait, il est vrai, autant de retard pour les jouissances du Clergé ; mais du moins son sort aurait été amélioré, il ne souffrirait plus ; son commencement de dotation s'accroîtrait encore chaque année, et je dois croire qu'il verrait sans inquiétude et sans regrets les intérêts de l'Etat l'emporter momentanément sur les siens.

Dans le cas de ce retardement, une question se présente. On a vu que je fais participer la distribution annuelle à faire au Clergé, à la moitié des intérêts, et que cette moitié s'accroissant chaque année, pourrait finir par élever la répartition annuelle à une somme au-delà des besoins nécessaires au secours provisoire. On a vu d'autre part, que dès la première année, les produits seuls et sans les intérêts suffisant à ces besoins, j'ai donné l'idée de réunir du premier moment ces intérêts à la masse de la dotation.

Si ce dernier parti était adopté, plus de difficulté, la répartition resterait toujours la même, et j'ai prouvé qu'elle arrive au but d'assurer au Clergé une amélioration très-sensible.

Mais s'il ne l'est pas; s'il est décidé que ces intérêts doivent venir annuellement se diviser par moitié entre la dotation et la répartition, je demande s'il ne conviendrait pas de fixer une somme que cette répartition ne pourrait dépasser; et une fois atteinte, de laisser tous les excédans d'intérêts à la dotation.

Je penserais que l'intérêt du Clergé, qui doit s'occuper autant de l'avenir que du présent, serait de restreindre lui-même la somme annuelle à lui répartir à 30 millions. Ces trois millions d'excédant pourraient faire face à quelques besoins extraordinaires; mais au-delà, tous les intérêts ajoutés à la dotation l'achemineraient d'autant plus vîte à son complément.

Cette idée, qui me paraît dans l'exacte convenance, m'en a fait naître une autre. C'est que le secours et la dotation se trouvant ainsi forcément et essentiellement liés, il devient presque indispensable de faire du premier, la base et l'élément de la seconde. En effet, si du jour où commencera la dotation, le secours provisoire était arrêté, il en résulterait que de ce moment-là même, la situation du Clergé serait revenue à l'état actuel, et par conséquent empirée. Ce parti n'est plus admissible. Une fois le secours commencé, il faut le suivre; il faut assurer sur la totalité des produits annuels de la dotation ou 27 ou 30 millions par année au Clergé, selon le parti qui sera pris sur l'une ou l'autre de ces sommes, et réserver tout le reste pour la dotation.

Je m'arrête à ce dernier parti, par deux raisons; la première, c'est qu'on ne peut avec justice défaire ce qu'on aura fait, et rendre le clergé à son état de pénurie, après l'en avoir sorti; la seconde, c'est que les moyens du secours provisoire étant pris dans partie de ceux qui sont appelés à former la dotation, il paraît tout simple de les appliquer encore à l'objet qu'ils ont déjà rempli, et dont il ne paraît plus possible de les distraire; c'est qu'enfin, et avant tout autre considération, c'est du soulagement du clergé qu'il s'agit, et qu'il doit prévaloir par-dessus tout.

Il est vrai que mon système de dotation perpétuelle en sera un peu dérangé, et qu'il résultera de cette mesure quelque différence dans les produits annuels de la dotation, puisqu'elle sera privée chaque année, à cause de la répartition, de 7 à 8 millions, et des intérêts cumulés qu'ils auraient produits.

Cette objection semble résoudre la question présentée plus haut sur les 27 ou 30 millions, et exiger qu'ils soient réduits à 27 pour ne préjudicier que le moins possible à la dotation et aux 20 années jugées nécessaires à son complément.

Il faut observer, d'ailleurs, que j'ai donné une grande latitude à mes moyens de dotation et de choix; que s'il y a perte pour elle d'un côté, il y a indemnité de l'autre, puisque, dès la cinquième année du secours provisoire, il y a déjà 48 millions dans la caisse.

En résultat, qu'arriverait-il? que la dotation

tion, pour se compléter, aurait besoin de trois ou quatre années de plus. Mais qu'importe ? le clergé sera sorti de son état de détresse ; et désormais hors du besoin, il attendra du tems, et sans impatience, son état de prospérité et de splendeur.

Voilà ce que m'ont dicté mon zèle pour la Religion, mon attachement à ses ministres, mon désir du retour des mœurs, de la paix et des principes. Puissé-je avoir efficacement contribué à rendre à cette magistrature purement spirituelle une partie de son antique splendeur, avoir coopéré à la rappeler à cette considération qui ajoute à la force de ses exemples et de ses leçons ! En remettant le calme dans tous les esprits, sa restauration aura encore l'effet salutaire de le rapporter dans les consciences ; et de ce moment la France, en assurant son repos, aura fait un grand pas vers le bonheur de tous.

TABLEAU.

Années.	Capitaux annuels, divisibles par moitié entre la répartition et la dotation.	Bénéfice sur la recette de chaque année de perception.	Intérêts des fonds réservés.	Total en capitaux, bénéfices et intérêts, à partager annuellem.t par moitié.	A distribuer par année.	Fonds réservés pour la dotation.
	fr.	fr.	fr.	fr.	fr.	fr.
1817.	16,000,000	225,000	. . . . . .	16,225,000	. . . . . .	8,112,500
1818.	16,000,000	250,000	405,625	16,655,605	8,112,500	8,327,300
1819.	16,000,000	275,000	816,365	17,091,365	8,327,300	8,545,683
1820.	16,000,000	275,000	1,217,034	17,692,034	8,545,683	8,846,017
1821.	16,000,000	275,000	1,691,140	17,966,140	8,846,017	8,983,070
1822.	. . . . . .	. . . . . .	2,147,253	2,147,253	8,983,070	2,147,253
						44,961,823

Nota. Les fractions ont été négligées ; et s'il y a erreur, elle est plutôt en moins qu'en plus.